目次

観桜会の歴史

1 観桜会のはじまり

　明治4（1871）年7月、弘前城は廃藩により政庁としての機能を失った。旧藩主で藩知事の津軽承昭《つぐあきら》はすでに東京に移住していた。11月になって、明治政府は全国にあった旧大名の城郭を取り壊すことにした。しかし、弘前藩は明治維新で新政府側についたため、一部が壊されただけで天守や城門、櫓などはそのまま残されたものの、城跡は荒廃した。これを見かねた旧藩士内山覚弥《かくや》（1852〜1933）が明治13（1880）年、桜20本を三の丸に植栽する。城内では正徳5（1715）年、藩士21人が京都の嵐山から25本のカスミザクラなどを持ち帰り、西の郭に植栽しているが、現在のように桜の数は多くなかった。

　さらに明治15（1882）年、同じく旧藩士で、本県リンゴの開祖でもある菊池楯衛《たてえ》（1846〜1918）がソメイヨシノを二の丸・西の郭に植栽した。しかし、封建的な士族たちの反発を買い、桜は折られたり抜かれたりした。

　明治28（1895）年5月20日、弘前城跡が「弘前公園」として一般に開放され、翌21日に本丸で開園式を行った。追手門と東門には「弘前公園」の札がかけられ、早朝から開かれた園内には酒や弁当を携えて来る人たちでひきもきらなかったという。

　内山は同年終結した日清戦争の戦勝記念として100本の桜を寄付。内山は市会議員を務めたが、任期中は絶えず公園美化のため桜の植栽を主張。菊池の大規模植栽から20年を経た明治34（1901）年から36（1903）年にかけて、弘前市議会によるソメイヨシノ1000本の植栽が行われ、現在の桜の名所となる基礎が築かれた。その後、日露戦争の戦勝記念植樹のほか、弘前在住の宮城県人会によるシダレザクラの寄付なども行われた。

　なお、菊池楯衛は明治43（1910）年、公園にツツジも1000本寄付している。

　また、公園の開園とともに、園内には遊興客目当ての露店が次々と開店した。七福楼というのが初めで、料亭酔月楼は本丸に支店を開設。一弘亭でも「東京そば」売り出し

大正7（1918）年5月3日の第1回観桜会初日、にぎわう二の丸下乗橋前

の店を始めた。

明治末から大正はじめごろ、津軽の人たちは花見の時期になると、大挙して隣県秋田の千秋公園（秋田市）に出かけていた。藩政期の堅苦しさが残る城下には、まだ大勢で花を見て騒ぐという雰囲気はなかった。

この空気を打ち破ったのが、封建的な風潮に反旗を翻して登場した「呑気倶楽部《のんきくらぶ》」だった。進歩的かつ型破りな士族の次男、三男や商家の跡取りなどによるこの集団は、後に花柳界などを相手とした「茶太楼新聞」を発行した古木《こぎ》名均《なひとし》（1886～1938）を中心に構成。素人芝居や踊り、長唄の稽古をしたり、芸妓の慰労会を開催したりと、いわば当時の弘前の遊び人の世界をリードする人たちだった。

古木名たちは千秋公園や東京・上野公園で盛んだった花見を何度か視察した後、大正5（1916）年、大がかりな花見を敢行。「弁天小僧」「切られ与三」「安珍・清姫」などの仮装を凝らし、笛、太鼓、三味線などの囃子と共に市中をパレードした上で弘前公園に繰り出し開宴。市内の三大商店だった「角み」「久一」「角は」に出店を出させたほか、全国に弘前の桜の素晴らしさを発信しようと、東京から活動写真の技師を呼ぶ念の入れようだった。

大正12（1923）年の観桜会で下乗橋を行く芸者たちの仮装行列

このどんちゃん騒ぎは市民の度肝を抜き、大きな話題をさらった。気運が高まる中、大正7（1918）年、弘前商工会が5月3日から1週間の会期で「第一回観桜会」を計画。当初、資金がなかったが、市内の商店の1軒当たり50銭から3円の寄付が1700余円集まり開催にこぎ着けた。

初日は午前7時の打ち上げ花火のとどろきで幕を開け、元寺町、百石町などの大通りは日の丸や造花、紅白の幕などで飾り付けられた。園内では、最も人気を呼んだ仮装大会をはじめ、山車運行や自転車競走、相撲大会、花火の打ち上げなど、多彩な催しが繰り広げられた。夜桜の電飾も第一回から行われた。

【東奥日報記事より】

弘前観桜会での暴利取り締まり

弘前商工会主催、弘前観桜会は、いよいよ五月二日から開会することに決定したが、例年、公園内における飲食店等が、法外な暴利をむさぼり、これがため、わざわざ遠方からきた観桜客に悪感を与え、せっかくの花見気分を削ぐばかりでなく、一般弘前商人の信用を害する実例が少なくないので、弘前商工会では、これら暴利商人を取り締まる意味と一面、観桜客で公園内において飲食する者の便に供するため、値段表を店頭に掲げしむる意向であるが、暴利に関しては、警察の取り締まりに属するから、不日、委員は木村警察署長を訪問、商工会の意のあるところを述べて了解を求め、相当助力を依頼することに決定した。

（大正14年4月18日付）

ほどなく、公園の桜は対外的にも評判を呼ぶようになる。大正11（1922）年には初めて、宣伝のためのびらが奥羽本線の秋田方面各駅に配布された。

昭和3（1928）年、弘前商工会はりんごのお菓子「アップル（後に「薄雪」に改名）」や、餡を求肥でくるみ、赤しそで包んだ「干の梅」、「林檎羊羹」、「名所煎餅」を観桜会に合わせ「弘前名物」に選定。同年には、仙台鉄道局がポスター「花の旅」を作成し奥羽線や東北線の管内に配布。花見の臨時列車を運行するなど、弘前の桜は地域経済と密接なつながりを持つようになっていった。

昭和10（1935）年ごろ弘前公園に繰り出したダシ

昭和4（1929）年、鉄道省が「弘前城と桜」と題するフィルムを4本作製し米国に2本、欧州に1本送ったほか、1本は海軍の練習艦隊が持参し、世界の港で公開した。当時は、観光PRのための絵はがきや海外向けのポスターなどにも、弘前城と下乗橋を入れた定番の構図の写真や絵がさかんに採用された。

昭和12（1937）年には、弘前城の天守や隅櫓、櫓門（三の丸東門を除く）が国宝に指定されている。

戦争の時局がまつりに影を落とした時期もあった。昭和13（1938）年、弘前観桜会は「時局と桜の催し」と名称を変更。昭和15（1940）年には「弘前の桜」とされ、園内のイルミネーションや投光器などの照明は節電と資材節約のため禁止された。当時行われていた打ち上げ花火の回数も前年の半数に減らされた。本丸には仮忠霊殿を設けて市内の戦没兵士の写真や遺品を飾り、催し物では演舞場で郷土部隊の北支戦線活躍の模

【東奥日報記事より】

弘前公園も食糧増産のため畑地に

由緒ある弘前鷹揚園を食糧増産の畑地にすることはいよいよ本格化し、十日午後から市長室において公園委員及び国民学校長の連合協議会が開かれ東内門六十坪、南内門百坪、演舞場前五百坪、庭球場四百坪、亀甲門脇千百坪、その他二千百六十坪、合計三千九百二十坪を決定、直ちに現場調査を行ったが耕作の割り当ては各国民学校と町内会の勤奉隊に委嘱する。

このため市当局は十日実地調査を行ったが最も広大な地域を予想された旧本丸は旧藩主の館が設けられてあった関係から地下に敷石が張りつめられ、それにその一帯は砂礫を敷きつめてあるので急速に畑に仕立てることは時期を逸するとともに実際問題として増産とならないので、本丸は手をつけず他の場所にこれに相当する地域を求めることに決定した。

（昭和19年4月12日付）

様を人形で見せるなど、時局が色濃く反映したものとなった。さらに初日の5月1日は「興亜奉公日」（国民精神総動員運動の一環として毎月1日に行われた、生活規制や戦意高揚が図られた日）に当たったため、花見は許されたが飲酒は禁止された。

昭和18（1943）年は当初、空襲必至の情勢との判断で中止される方向だったが、観光協会や商工会の「市民の意気高揚のため」との主張で、売店や興業を一切なしとし「桜愛護会」の名称で実施した。昭和19（1944）年以降は中止された。

戦後、観桜会が復活したのは昭和22（1947）年。「弘前市史」（昭和39年刊）はその年のことをこう記している。

「二二年の春になって、五月一日から観桜会が復活した。毎日の衣食に追われて、花を観る物心のゆとりなどはまだなかったが、〝観桜会〟と聞けば、誰の心にも平和がよみがえったという安らぎがあった。しかし未帰還の肉親を持つ人にとっては、公園に咲きほこる桜花は年々相似て、而も人は同じからずという感慨が深かった。会期中の人出は約五〇万人といわれた。北日本陸上競技大会があり、また弘前放送局の歌謡コンクールが戦前の観桜会にはなかった新しい催物であったが、しかし景気の悪い、トゲトゲしい敗戦国民の感情がむき出しになった観桜会であった」

戦前は国宝だった旧城内の建造物群は戦後の文化財保護法により重要文化財となり（東門も含む）、弘前城一帯は昭和27（1952）年に国の史跡に指定され、都市公園法により、弘前公園は昭和31（1956）年に「都市公園」となった。

昭和36（1961）年、観桜会の名称は、分かりやすさで一層のアピールを狙って現在の「弘前さくらまつり」に改称された。

【東奥日報記事より】

弘前観桜会が復活

日本一を誇る弘前鷹揚園の観桜会が復活、いよいよきょうから十日間ふた開けされる。季節外れの低気圧も去って、心配された桜も案外早くふくらみ出して来た。お天気さえ順調に続けば二日ごろから一斉に咲き始め、四、五日ごろには満開になるだろうと観測されている。

公園内では朱塗りの橋の塗り替え、道路の修理、照明準備も済んで、カフェー、売店、サーカス団などの小屋掛けが景気のよいツチ音をこだまさせている。市商工課では、会期中の人出は延べ二百万人を下らないと見ており、近年にない盛況を予想させる。

（昭和22年5月1日付）

一パイを楽しむ進駐軍＝昭和26（1951）年5月6日

夜桜のボンボリがお濠の水に映える弘前公園の夜景＝昭和27（1952）年5月5日

弘前城本丸手前に並んだ写真屋さん＝昭和30(1955)年5月2日

人出で混雑する弘前の観桜会＝東奥サーカス小屋の上から写す
＝昭和30(1955)年5月3日

弘前市立図書館前にズラリ並ぶ貸し切りバス
＝昭和30(1955)年5月6日

本丸のあちこちで酒宴を開く花見客＝昭和51(1976)年4月23日

本丸ではドダレバチ流し踊りも披露された＝昭和63(1988)年4月26日

２ 桜論争

日本一と称される弘前公園の桜が長い寿命を誇っているのは、独自に生み出された「弘前方式」とも呼ばれる管理技術のたまものである。そして、その技術は、同じく日本一の生産量を誇る弘前のリンゴの栽培法から編み出されたことも特筆に値するものである。

「弘前方式」の根幹は、冬場の剪定にある。「桜切る馬鹿、梅切らぬ馬鹿」という言い習わしがあるように、古来、桜の木は剪定すると、その切り口から病原菌が入って衰弱するものとされてきた。この〝常識〟を打ち破ったのは、弘前市の職員として公園に長年務めた小山秋男（１９１４～２００７）だった。

小山は弘前市八代町出身。戦後のシベリア抑留を経て帰郷後、公園に勤務するようになった。市公園緑地課に残る記録によると、昭和40（１９６５）年までは公園の作業員、同41（66）～同47（72）年は看守として務めている。

現在、東内門近くにある「与力番所」は、かつて「緑の相談所」近くにあり、看守の宿舎などとして使われていた。小山は番所に寝泊まりし、昼夜を問わず園内を巡回していたという。

〝事件〟が起きたのは昭和35（１９６０）年の早春。小山は害虫に侵された本丸北側にあるシダレザクラを、人の背丈ほどを残して幹からばっさりと切り落とした。

ソメイヨシノはもともと病害虫の被害が多く、早死にの傾向があるとされ、植えてから60年ほどで死んでいった木が多かったことから「寿命60年説」が言われていた。弘前公園でも、それまで多少の枝切りなどの対処療法は行われていたが、病害虫にあらがえない木も多かった。

初代の公園管理事務所長工藤長政（１９１３～１９８４）は、小山を叱り飛ばしたという。「だれが幹まで切れと言った。桜切る馬鹿、梅切らぬ馬鹿、という例えを知らないのか」。

当時を知る、元市職員で弘前文化財保存技術協会理事長の今井二三夫は「『なしてわの言うこと聞がねんだ』という工藤さんに、小山さんは『おめ、そすったって、木だっきゃ死なねネ』と、表情は穏やかながら、自分の主張を押し通して応酬したと聞いている。いかにも津軽のじょっぱり同士で、実はいいコンビだったんですよ」と証言する。

「小山さんの実家はリンゴ農家。剪定のことは熟知していた。実はもっと前から、桜にかなり強めの剪定を施していて、その結果から切ることに自信を持っていたと思う。半信半疑であれば、工藤さんに食ってかかれなかったはずだ」と今井。小山の言う通り、翌年、木は古い幹から若い枝を伸ばし、命を吹き返した。それを見た工藤はリンゴ農家の元に通い詰めて剪定を学び、現在の管理技術の基礎を確立させていった。

昭和31（１９５６）年に請われて母校弘前高校長を辞して弘前市長となり、５期20年を務めた藤森睿（1903〜1984）は、公民館整備に注力。昭和45（1970）年から市主催の「市民教養講座」を開始する。この一コマとして昭和48（1973）年1月29日、弘前大学教育学部生物学教室教授の石川茂雄が行った講演は、後に弘前公園の桜をめぐる大論争の火種となった。

石川はこの講演で、すでに公園で定着していた「弘前方式」について「桜はテング巣病にかかりやすいが、おそらくそれを次々と切っているうちに幹まで切ってしまったのではないか。その切り口からスス病の菌が侵入して、桜の枝や葉が真っ黒になっている。それにさくらまつりの期間にほこりを抑える目的でまかれる防塵剤も桜の根に悪影響を及ぼしている」と指摘した。

これを「10年で花（サクラ）と緑（マツ）が消える」の見出しで報じた昭和48（1973）年2月16日付東奥日報の記事に、市民から大きな反響が巻き起こった。そして、1年前に市観光課長を退職していた公園の工藤さんこと工藤長政が「反論の機会を与えてほしい」と申し出、石川と工藤による論争が始まる。石川と工藤は旧知の間柄だった。

「桜は枯れず」と題して2月23日付で掲載された記事には「石川先生オーバーです」「枝切りは最良の方法」と大きな見出しが躍った。ただ、工藤の主張は「よそでは60年そこそこで枯れるソメイヨシノが弘前では90年近くも生き、それが立派な花を咲かせているのはわれわれの管理方法が理にかなっているから。枝を切るのは、枯れ枝が見苦しいことと、万が一折れて人に害を加えてはならないから」などとしたが、肝心の「枝切りは最良の方法」については、その理由が示されないままだった。

この問題は弘前市議会一般質問でも取り上げられるなど、市民の間に大きな波紋を広げた。4月28日にはRAB青森放送が午前7時15分からのニュースワイド番組「ニュースレーダー」で、満開の弘前公園に中継車を出し、下乗橋の前から石

川と工藤の論争を生中継するまでになった。石川の学問的な見地からの主張と、工藤の園芸の経験則からの主張とは最後までかみ合わなかった。

工藤の後継として同年から公園緑地課に勤務した小林範士は、工藤が現場の勘に頼ってきた桜の管理方法を体系的な技術として確立させることを試みた。小林は木の徹底した観察を通して、木の衰えを予見した上でタイミングを見極め、剪定などの対策を施した。さらに、樹皮の内側から生え、地面に達すると枝を出し元の幹に取って代わる「不定根」による木の若返りと、その生長を促進させるため、より積極的な施肥を行った。弘前公園は城跡のため地盤が堅く、土壌環境の改良は昭和30年代から行われてきた。

小林は平成8（1996）年にまとめた小冊子「さくらの管理」で、剪定の必要性として4項目を挙げている。

1、アブラムシなどが葉から汁を吸う際につけた傷口から腐朽菌が侵入し、枝の枯れが進む。この進行を止める必要がある。

2、切ることによって、芽の吹きが旺盛になり、3～4年もすれば、若い枝に更新され、たくさんの花をつけるようになる。

3、テング巣病やアブラムシの発生しやすい徒長枝を切ることで病害虫を減らし、また樹全体の風通しをよくする。

4、枯れ枝や病害虫に侵された枝を落とすことで、満開時にサクラをより一層美しく見せる。

工藤が現場の勘に頼ってきた桜の管理方法を、小林は体系的な技術として確立させることに成功したのである。

（敬称略）

東奥日報社　外崎　英明

幻想的にライトアップされた西濠の桜が、水面にほのかなピンク色を映す＝平成14（2002）年4月19日付　東奥日報

開花宣言から9日で園内の桜がようやく満開になった弘前公園。平日でも朝からにぎわいを見せている＝平成25（2013）年5月7日付　東奥日報

弘前公園の桜

1 弘前公園の桜の名木

弘前公園には、約１７００本の染井吉野を含む、52品種、約２６００本の桜が植栽され、4月下旬から5月上旬にかけて見頃を迎えます。
（後述した各桜の開花時期は、弘前公園の桜開花調査に準ずる）

① 弘前公園最長寿の染井吉野

（ヒロサキコウエンサイチョウジュノソメイヨシノ）

場所 二の丸

◆学名：*Cerasus* x *yedoensis* 'Somei-yosino'
◆幹周：5.22m　◆樹高：9.4m
◆植栽：明治15（1882）年

旧藩士の菊池楯衛が明治15（１８８２）年に植栽した、国内に現存する染井吉野では最古級のもの。染井吉野は成長が早いわりに寿命が60年から80年と短いと言われていたが、弘前公園の染井吉野は樹齢１００年を越すものが４００本以上あって立派に花を咲かせている。平成28（２０１６）年青森県の天然記念物に指定されている。

② 日本最大幹周の染井吉野

（ニホンサイダイミキシュウノソメイヨシノ）

場所 三の丸

◆学名：*Cerasus* x *yedoensis* 'Somei-yosino'
◆幹周：5.73m　◆樹高：12.7m
※環境省調査時（2007年）は5.37m

環境省が実施している全国巨樹巨木林調査により、日本最大幹周の染井吉野であるとされたもの。北国は関東に比べ桜の生育期間が短いながら、最大幹周を維持していることは、管理技術のたまものである。植栽時期は弘前公園最長寿の染井吉野と同じ明治15（１８８２）年という可能性もあるが、少なくとも明治34（１９０１）年には植栽されていたものと思われる。

：弘前公園では染井吉野より早く咲く桜　：弘前公園では染井吉野より遅く咲く桜　：春と秋の2回咲く桜
マーク無：弘前公園では染井吉野と同時期に咲く桜

③ 御滝桜
（オタキザクラ）

場所 本丸

◆学名：*Cerasus itosakura* 'Pendula'

◆幹周：3.27m　◆樹高：6.9m

◆植栽：大正3（1914）年

大正3（1914）年、在弘宮城県人会の寄付で植栽された枝垂桜のうちの1本。石垣の上から水面に向かい長く枝が垂れる様を、棟方志功が「御滝桜」と命名した。

④ 弘前枝垂れ
（ヒロサキシダレ）

場所 本丸

◆学名：*Cerasus itosakura* 'Pendula'

◆幹周：2.94m　◆樹高：3.7m

◆植栽：大正3（1914）年

大正3（1914）年、在弘宮城県人会の寄付により植栽された枝垂桜のうちの1本。すぐ近くにある「御滝桜」よりも開花が3～4日早く、時々花弁の枚数が7～8枚となり普通の枝垂桜とは異なることから、「弘前枝垂れ」と呼んでいる。

⑤ 枝垂桜
（シダレザクラ）

場所 本丸

昭和35（1960）年、樹勢が弱っていた枝垂桜を園内で初めて強剪定したところ、樹勢が回復。リンゴの栽培技術を参考に園内のサクラを剪定するようになった「弘前方式」の記念すべき桜。

◆学名：*Cerasus itosakura* 'Pendula'

◆幹周：2.72m　◆樹高：8.6m

⑥ 正徳5年のカスミザクラ

場所 二の丸

正徳5（1715）年に弘前藩士が京都から持参し、城内に植えた苗木25本のうちの1本。元の幹は朽ちてしまったが、孫生え（ひこばえ、樹木の切り株や根元から出る若芽のこと。太い幹に対して、孫に見立てていう）が成長して毎年美しい花を咲かせる。津軽地方にも自生し、花が白いので遠くから見ると霞のように感じられることから名づけられた。

◆学名：*Cerasus leveilleana* (koehne)H.Ohba

◆幹周：1.92m　◆樹高：18.4m　◆植栽：正徳5（1715）年

：弘前公園では染井吉野より早く咲く桜　：弘前公園では染井吉野より遅く咲く桜　：春と秋の2回咲く桜

マーク無：弘前公園では染井吉野と同時期に咲く桜

⑦ 正徳桜

（ショウトクザクラ）

場所 二の丸東内門付近

◆学名：*Cerasus leveilleana* ‘shoutoku-zakura’

◆幹周：2.19m　◆樹高：6.9m

弘前公園の桜の歴史は、正徳5（1715）年に、藩士が京都から25本の桜の苗木を持ち込み城内に植えたのが始まりとされている。カスミザクラ系の品種と考えられるこの桜は、幹の腐りが激しいものの、腐った部分に不定根と呼ばれる根が多く育ち、次世代の幹としてしっかり育っている。弘前公園の桜の歴史を伝えるうえで貴重な桜である。

⑧ 弘前雪明かり

（ヒロサキユキアカリ）

場所 ピクニック広場

◆学名：*Cerasus* ‘Hirosaki-yukiakari’

◆幹周：1.35m　◆樹高：5.5m

市民からの寄付で植栽されたもので、咲き始めは淡紅色に覆輪が入り、満開になると白色になる八重咲き品種。弘前公園では、染井吉野よりも1週間遅く開花する。平成元（1989）年に盛岡市の育種家である橋本昌幸氏により提案された品種名で、平成29（2017）年には、公益財団法人日本花の会により、新園芸品種として認定された。弘前発祥の八重桜として価値ある原木である。

桜の基礎知識

サクラには野生種（外国種・日本種・種間雑種含む）と栽培品種があります。日本に自生する野生種（日本種）は、日本の山野に古くから見られるサクラです。基本種としてオオヤマザクラ・カスミザクラ・エドヒガン・ヤマザクラ・チョウジザクラ・ミヤマザクラ・オオシマザクラ・マメザクラ・タカネザクラの9種の他、平成30年に野生種の新種として認められたクマノザクラを入れて10種あります。さらに種を細かく分類した変種や種間雑種をあわせると、日本には約50種のサクラが自生しています。

一方、栽培品種とは、人が栽培する価値によって区分する人為分類で、主に花を観賞するために人の手を介して育てられたサクラです。花弁の数や花色など他と区別される一定の形質をもった個体に対して固有名詞が与えられており、これまで文献に登場する名前は500種とも800種とも言われています。日本の植物学の基礎を築き、桜の研究では世界的な第一人者とされる三好学博士は、サクラの観賞についての時代区分を、①奈良時代までは野生種観賞時代②平安時代からは種植時代（庭に植えて楽しんだ）③江戸時代は品種生成時代④明治以降は科学的研究時代としています。このことからもうかがえるように、サクラの品種改良や選抜は江戸時代に盛んになりました。現在も品種改良や発見により新しい栽培品種が誕生していますが、絶滅や同名異種、同種異名など混乱している面もあります。しかし多くの栽培品種を今日私たちが愛でることができるのは、先人たちのたゆまない努力の結果として大切に受け継がれてきたものです。

これからは私たちが桜文化の継承と発展に努めるとともに、後世にサクラを伝えていかなければなりません。

弘前市公園緑地課
チーム桜守　橋場真紀子

弘前公園　桜のハート

夏期には緑のハートを楽しめる

⑨ オオヤマザクラ

場所　ピクニック広場、弘前城植物園

◆学名：*Cerasus sargentii*(Rehder)H.Ohba var.*sargentii*

北海道、本州、四国、九州に分布する野生種の桜。ヤマザクラに比べ花や葉が大きいことから名がつけられ、花色が淡紅色であることからベニヤマザクラ、北海道に多いのでエゾヤマザクラとも呼ばれている。岩木山麓の沿道に連なる〝世界一の桜並木〟はこのオオヤマザクラである。

⑩ オオシマザクラ

場所　ピクニック広場、弘前城植物園

◆学名：*Cerasus speciosa*(Koidz.)H.Ohba

伊豆諸島と伊豆半島南部に分布する野生種。白色の一重咲き（5枚）で、弘前公園では染井吉野より4～5日遅く開花する。サトザクラと呼ばれる栽培品種の多くはオオシマザクラが片方の親となっている。染井吉野はエドヒガンとの交配種。桜餅の葉は、このサクラの葉を塩漬けにしたものが用いられている。

：弘前公園では染井吉野より早く咲く桜　：弘前公園では染井吉野より遅く咲く桜　：春と秋の2回咲く桜
マーク無：弘前公園では染井吉野と同時期に咲く桜

⑪ エドヒガン

場所 ピクニック広場 弘前城植物園

◆学名：*Cerasus itosakura*(Siebold)Masam.et Suzuki

⑫ カスミザクラ

場所 二の丸、弘前城植物園、西の郭

◆学名：*Cerasus leveilleana*(Koehne)H.Ohba

⑬ ヤマザクラ

場所 ピクニック広場、弘前城植物園、東門付近

◆学名：*Cerasus jamasakura*(Siebold ex Koidz.) H.Ohba var.*jamasakura*

⑭ チシマザクラ

場所 北の郭

◆学名：*Cerasus nipponica*(Matsum.)Masam. et Suzuki var.*kurilensis*(Miyabe)H.Ohba

⑮ 八重紅枝垂

（ヤエベニシダレ）

場所 本丸、二の丸、ピクニック広場、市民広場、弘前城植物園

◆学名：*Cerasus itosakura* 'Plena-rosea'

枝垂桜の八重咲き品種。花は淡紅紫色で、花弁は15枚～25枚あり、染井吉野より4～5日遅く開花する。花もちがよく、弘前公園では、染井吉野より遅く咲く代表品種である。

明治時代、仙台市長であった遠藤庸治《ようじ》が仙台市内で増やし、その子孫樹を各地に贈って普及に努めたとされ、「遠藤桜」とも呼ばれる。

⑯ 東錦

（アズマニシキ）

場所 二の丸、ピクニック広場

◆学名：*Cerasus* Sato-zakura Group 'Azuma-nishiki'

花は淡紅色の八重咲き（15枚～20枚）。外側の花弁がやや濃い色になるのが特徴で、弘前公園では染井吉野よりも約一週間遅く開花する。

東京の荒川堤にあったものを京都の造園家佐野籐右衛門が保存し、今に残るとされる。

：弘前公園では染井吉野より早く咲く桜　：弘前公園では染井吉野より遅く咲く桜　：春と秋の2回咲く桜

マーク無：弘前公園では染井吉野と同時期に咲く桜

⑰ 関山
（カンザン）

場所　四の丸、ピクニック広場、二の丸、弘前城植物園、桜のトンネル

全国で見られるサトザクラの代表的品種関山は濃桃色の八重咲き品種。花もちの長さが特徴で、長い期間楽しむことができる。花弁の数は多く、21～50枚ほど。樹形は広開形をしている。花が塩漬けに用いられる品種としても知られている。

◆学名：*Cerasus* Sato-zakura Group ‘Sekiyama’

⑱ 鬱金
（ウコン）

場所　本丸、ピクニック広場、弘前城植物園

花は淡黄色の八重咲き（10枚～25枚）で、染井吉野よりも約一週間遅く開花する。名前は、ウコン（ショウガ科）の根を染料に用いた鬱金色に由来し、混同されないよう「鬱金桜」とも呼ばれる。東京の荒川堤で栽培されていた品種とされる。

◆学名：*Cerasus* Sato-zakura Group ‘Grandiflora’

⑲ 松月
（ショウゲツ）

場所　北の郭、弘前城植物園、追手門付近

◆学名：*Cerasus* Sato-zakura Group ‘Superba’

花は大輪の八重咲きで下に向かって垂れて咲く。花の色は花の端が赤く中心は白で、花びらの先近くに細かい切れ込みがある。樹形は傘型で横に大きく広がり、弘前公園では染井吉野よりも10日遅れて咲き始め、同時に葉が出始める。

⑳ 紅枝垂
（ベニシダレ）

場所　本丸、ピクニック広場、北の郭、弘前城植物園

◆学名：*Cerasus itosakura* ‘Pendula-rosea’

枝垂桜の中で、花色の濃いものが本種。紅紫色の一重咲き（5枚）であり、枝垂桜、染井吉野とほぼ同じ頃に開花する。平開（花弁が平らに開くこと）しないのが特徴。

：弘前公園では染井吉野より早く咲く桜　：弘前公園では染井吉野より遅く咲く桜　：春と秋の2回咲く桜
マーク無：弘前公園では染井吉野と同時期に咲く桜

㉑ 佐野桜
（サノザクラ）

場所　ピクニック広場、弘前城植物園

◆学名：*Cerasus jamasakura* ‘Sanozakura’

淡紅白色で、花弁枚数の変化（7枚～15枚）のほか、様々な形の花弁がみられる。開花時期は染井吉野より4～5日遅い。京都の造園家佐野籐右衛門が、京都市広沢池周辺のヤマザクラの実生約1万本の中から選抜した品種。植物学者の牧野富太郎によって命名された。

㉒ アーコレード

場所　弘前城植物園

◆学名：*Cerasus* ‘Accolade’

㉓ 天の川

場所　北の郭、ピクニック広場、弘前城植物園

◆学名：*Cerasus* Sato-zakura Group ‘Erecta’

㉕ 一葉
（イチヨウ）

場所 東門付近、弘前城植物園

◆学名：*Cerasus* Sato-zakura Group ‘Hisakura’

㉔ 水上
（ミナカミ）

場所 弘前城植物園

◆学名：*Cerasus* Sato-zakura Group ‘Glauca’

㉗ 大提灯
（オオヂョウチン）

場所 弘前城植物園

◆学名：*Cerasus* Sato-zakura Group ‘Ojochin’

㉖ 大寒桜
（オオカンザクラ）

場所 北の郭、弘前城植物園

◆学名：*Cerasus* x *kanzakura* ‘Oh-kanzakura’

：弘前公園では染井吉野より早く咲く桜　：弘前公園では染井吉野より遅く咲く桜　：春と秋の2回咲く桜
マーク無：弘前公園では染井吉野と同時期に咲く桜

㉘ オカメ

場所　弘前城植物園

◆学名：*Cerasus* ‘Okame’

㉙ 思川
（オモイガワ）

場所　東門付近、市民広場、弘前城植物園

◆学名：*Cerasus* x *subhirtella* ‘Omoigawa’

㉚ 御衣黄
（ギョイコウ）

場所　追手門付近、東門付近、弘前城植物園

◆学名：*Cerasus* Sato-zakura Group ‘Gioiko’

㉛ 釧路八重
（クシロヤエ）

場所　弘前城植物園

◆学名：*Cerasus sargentii* ‘Kushiro-yae’

㉝ 小彼岸
（コヒガン）

場所 二の丸、東門付近、弘前城植物園

◆学名：*Cerasus* x *subhirtella* ‘Kohigan’

㉜ 琴平
（コトヒラ）

場所 弘前城植物園

◆学名：*Cerasus jamasakura* ‘Kotohira’

㉟ 咲耶姫
（サクヤヒメ）

場所 弘前城植物園

◆学名：*Cerasus* x *yedoensis* ‘Sakuyahime’

㉞ 子福桜
（コブクザクラ）

場所 北の郭、弘前城植物園

◆学名：*Cerasus* ‘Kobuku-zakura’

：弘前公園では染井吉野より早く咲く桜　：弘前公園では染井吉野より遅く咲く桜　：春と秋の2回咲く桜

マーク無：弘前公園では染井吉野と同時期に咲く桜

㊱ 十月桜
（ジュウガツザクラ）

場所 弘前城植物園

◆学名：*Cerasus* x *subhirtella* ‘Autumnalis’

㊲ 白糸枝垂
（シライトシダレ）

場所 二の丸

◆学名：*Cerasus* ‘Shiraito-shidare’

㊳ 白妙
（シロタエ）

場所 東門付近、市民広場、弘前城植物園

◆学名：*Cerasus* Sato-zakura Group ‘Sirotae’

㊴ 須磨浦普賢象
（スマウラフゲンゾウ）

場所 北の郭、ピクニック広場、弘前城植物園

◆学名：*Cerasus* Sato-zakura Group
‘Sumaura-fugenzo’

㊶ 昭和桜
（ショウワザクラ）

場所　ピクニック広場、弘前城植物園

◆学名：*Cerasus* x *yedoensis* ‘Shouwa-zakura’

㊵ 衣通姫
（ソトオリヒメ）

場所　弘前城植物園

◆学名：*Cerasus* x *yedoensis* ‘Sotorihime’

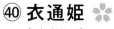

㊷ 太白
（タイハク）

場所　弘前城植物園

◆学名：*Cerasus* Sato-zakura Group ‘Taihaku’

：弘前公園では染井吉野より早く咲く桜　：弘前公園では染井吉野より遅く咲く桜　：春と秋の2回咲く桜
マーク無：弘前公園では染井吉野と同時期に咲く桜

㊹ 仙台枝垂
（センダイシダレ）

場所 ピクニック広場、市民会館付近、弘前城植物園

◆学名：*Cerasus* Sato-zakura Group 'Sendai-shidare'

㊸ 手毬
（テマリ）

場所 東門付近、弘前城植物園

◆学名：*Cerasus* Sato-zakura Group 'Temari'

㊺ ファーストレディ

場所 北の郭

◆学名：*Cerasus* 'First-lady'

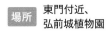

㊻ 福禄寿

(フクロクジュ)

場所　弘前城植物園

◆学名： *Cerasus* Sato-zakura Group 'Contorta'

㊼ 船原吉野

(フナバラヨシノ)

場所　弘前城植物園

◆学名： *Cerasus* x *yedoensis* 'Funabara-yoshino'

㊽ 梅護寺数珠掛桜

(バイゴジジュズカケザクラ)

場所　東門付近、ピクニック広場、市民広場、弘前城植物園

◆学名： *Cerasus* Sato-zakura Group 'Juzukakezakura'

㊾ 松前紅玉錦

(マツマエベニタマニシキ)

場所　弘前城植物園

◆学名： *Cerasus* Sato-zakura Group 'Beni-tamanishiki'

:弘前公園では染井吉野より早く咲く桜　:弘前公園では染井吉野より遅く咲く桜　:春と秋の2回咲く桜

マーク無:弘前公園では染井吉野と同時期に咲く桜

50 普賢象
（フゲンゾウ）

場所　本丸、二の丸、弘前城植物園、ピクニック広場

◆学名：*Cerasus* Sato-zakura Group ‘Albo-rosea’

51 御車返し
（ミクルマガエシ）

場所　ピクニック広場、東門付近、弘前城植物園

◆学名：*Cerasus* Sato-zakura Group ‘Mikurumakaisi’

52 紅豊
（ベニユタカ）

場所　弘前城植物園

◆学名：*Cerasus* Sato-zakura Group ‘Beni-yutaka’

53 楊貴妃
（ヨウキヒ）

場所　弘前城植物園

◆学名：*Cerasus* Sato-zakura Group ‘Mollis’

㊹ 八重紅大島
(ヤエベニオオシマ)

場所 弘前城植物園

◆学名: *Cerasus* Sato-zakura Group
'Yaebeni-ohshima'

㊺ カンヒザクラ

場所 ピクニック広場、弘前城植物園

◆学名: *Cerasus campanulata*(Maxim.)Masam.
et Suzuki

㊻ 陽光
(ヨウコウ)

場所 弘前城植物園

◆学名: *Cerasus* 'Youkou'

㊼ 横浜緋桜
(ヨコハマヒザクラ)

場所 東門付近

◆学名: *Cerasus* x *kanzakura* 'Yokohama-hizakura'

:弘前公園では染井吉野より早く咲く桜 :弘前公園では染井吉野より遅く咲く桜 :春と秋の2回咲く桜
マーク無:弘前公園では染井吉野と同時期に咲く桜

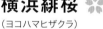

『弘前方式』におけるサクラの管理方法

昭和27年に公園管理事務所（現：弘前市公園緑地課）が置かれ、本格的なサクラの管理は昭和30年代から始まったとされています。ちょうどその頃、明治期に植栽されたソメイヨシノの樹勢が下降期に入り、初代公園管理事務所長によりリンゴの剪定方法を参考にした剪定技術が導入されます。主幹の芯を落とし樹冠内部まで日光を取り入れ下枝を充実させることで、樹木間隔が10m以下と密植状態の場所であっても、下枝に咲く花を手に取って愛でることが可能となりました。

強剪定により新しい枝を発生させ次世代の開花枝を育てています。

昭和50年代には全てのサクラに行う施肥作業の導入も確立されました。施肥方法や資材はその年代で多少の変化はあるものの、強剪定に耐えうる樹勢を維持する重要な作業となります。現在の施工方法は、樹冠下全体にツボ穴（直径約20㎝、深さ15㎝前後）を1本あたり概ね30カ所程あけ、有機入り普通化成肥料と緩効性の固形肥料を施しています。

前記の作業に年間3～5回実施する薬剤散布を加えた『弘前方式』と呼ばれる管理方法を毎年全てのサクラに行っています。

平成3年、樹木医制度が始まってからは、土壌改良工が導入されました。土壌改良資材を混入し根の成長を促すことで樹勢強化を図り、開花量の増加及び長寿命化を目指しています。

現在の管理方法は概ね（表1）の日程で、サクラの状態を確認しながら行っています。

近年の取り組みとして、外濠のサクラの樹勢回復作業の事例を紹介します。外濠のサクラは、『花筏』や冬期開催される『冬に咲くさくらライトアップ』など注目を浴びるようになりました。しかし、外濠の歩道側に植栽されている約250本のサクラの状態は、過去の歩道工事による断根及び濠水の水位の影響で十分に根を張ることができず、夏期には水分通導阻害により早期落葉するなど、樹勢衰退の兆候が確認される個体がありました。そこで樹勢回復を目的として根の成長を促すために、これまでも行ってきた施肥作業に堆肥を混入する作業を平成29年～令和2年の4年間実施しました。

その結果、令和3年度の開花状況及び新梢の伸び、枝葉の密度などから順調な樹勢回復を確認しています。

今後もサクラの状態を確認しながら豊かな花を咲かせることで、見ごたえのあるサクラの風景をお楽しみいただきたいと思います。

弘前市公園緑地課
チーム桜守　橋場真紀子

■表1　弘前公園のサクラ類年間生育・管理表

	月	4			5			6			7			8			9			10			11			12			1			2			3		
生育歴 作業内容		上	中	下	上	中	下	上	中	下	上	中	下	上	中	下	上	中	下	上	中	下	上	中	下	上	中	下	上	中	下	上	中	下	上	中	下
サクラ類 生育歴	開花期		■	■	■	■														■	■	■	■	※二季咲きのサクラ													
	展葉期			■	■	■	■																														
	花芽形成期												■	■	■	■	■	■	■																		
	落葉期																					■	■	■													
	休眠期																							■	■	■	■	■	■	■	■	■	■	■	■		
整枝・ 剪定	てんぐ巣病	■										■	■																						■	■	■
	こぶ病等	■										■	■																						■	■	■
	枯れ枝等	■										■	■																						■	■	■
菌類・地 衣類対策	カワウソタケ	■																	■																■	■	■
	ベッコウタケ	■																	■																■	■	■
	ウメノキゴケ	■																																	■	■	■
施肥										■	■					■	■																				
土壌改良 病根対策	根頭がん腫病								■	■	■																										
	ネコブ線虫病								■	■	■																										
	踏圧被害								■	■	■																										
薬剤散布	アブラムシ								■	■						■	■																				■
	カイガラムシ								■	■						■	■																				■
	ダニ								■	■																											■
	毛虫								■	■	■	■	■	■	■	■	■																				
	幼果菌核病								■	■																											
鳥獣害 対策	ウソ																												■	■	■	■	■	■	■	■	■
	ノウサギ																												■	■	■	■	■	■	■	■	■

外濠と岩木山

花筏の頃に八重紅枝垂は見頃を迎える

弘前公園の重要文化財

曳家前の天守。現在は本丸内部へ移動しているが工事終了後この場所へ戻される。

◆弘前城　天守

建築年代　文化七（一八一〇）年
九代藩主津軽寧親《やすちか》
昭和十二年七月二十九日指定

弘前城は、津軽を統一した弘前藩初代藩主津軽為信《ためのぶ》が計画し、二代藩主信枚《のぶひら》が慶長十六（一六一一）年に完成させた。当初の天守は五層で本丸西南隅に構築されていたが、寛永四（一六二七）年に落雷で焼失したと伝えられている。

現在の天守は、江戸時代後期の文化七（一八一〇）年に九代藩主津軽寧親が本丸南東隅に櫓造営の名目で建てたもので、三重三階の独立天守である。内濠に面する東・南面には破風や懸魚、矢狭間、石落としなどを設け、古形式を特徴とし、逆に本丸側の北・西面や内部は質素に作られている。

江戸時代に建築され現存する天守としては、東日本唯一のものであり、小規模ではあるが貴重な文化財である。

現在、天守は石垣修理工事のため、約七十メートル本丸内部へ曳家されているが、工事が終了次第、元の南東隅に曳き戻す予定。

◆二の丸　辰巳櫓《たつみやぐら》

現存する三つの櫓の目的は同様で、城郭に取り付く敵を攻撃することや、物見のために造られ、また防弾・防火のため土蔵造りとなっている。一・二層は四間四方の同面積であり、三層目を小さくしている。屋根は入母屋にしており銅板葺（当初はとち葺）となっている。

櫓の名称は本丸から見た櫓の方角を十二支で示し、辰巳は南東に当たる。

◆二の丸　未申櫓《ひつじさるやぐら》

現存する三つの櫓はいずれも三層建てで同じような形であるが、窓の形など細部の造作に違いが見られる。未申は本丸の南西に当たる。

◆二の丸　丑寅櫓《うしとらやぐら》

軒下や出格子の木部は素木のままで飾り気がないが、独特の美しさを見せる。丑寅は本丸の北東に当たる。

◆三の丸　追手門《おおてもん》

弘前藩四代藩主・津軽信政《のぶまさ》の代に、参勤交代経路が変更され、それに伴い、大手（正面）の門とされた。建築は築城当時まで遡ると考えられる。当初は本瓦葺だったが、後に銅瓦葺に葺き替えられた。

◆北の郭　北門《きたもん》（亀甲門《かめのこもん》）

現在は搦手門だが、築城当初、大手門として建設された城門。現存する他の四棟の城門に比べ規模が大きく、かつ狭間がないなどの特徴を持っている。大光寺城（現・平川市）の城門を移築したという伝承を持ち、転用材が多いことなどからも、中世以来の系譜を持つことが想定される城門。

◆二の丸　東門《ひがしもん》・南門《みなみもん》

建築年代は、築城期まで遡ると考えられている。東門・南門ともに一階正面の柱にケヤキ板を化粧のための鏡板として張り付けるなど、内廻りの門としての配慮がなされていると考えられる城門。建築当初は本瓦葺だったが、文化年間に銅瓦を葺いた記録が残っている。

◆三の丸　東門

建築年代は、築城期まで遡ると考えられている。他の城門同様に、木部が露出し、軒に反りがなく、出窓は直線的に設けられるなど、装飾的なものがほとんどない簡素なつくりとなっている。木型を銅板で包んだ他の門と異なり、鋳鉄製の鯱があげられている。